Frederica la pèl-roja

Christine Nöstlinger

Traducció de Mercè Figueras

Il·lustracions de Barbara Waldschütz

editorial cruïlla

Primera edició: maig de 1998

Edició: *Núria Font i Ferré*
Il·lustracions i coberta: *Barbara Waldschütz*
Traducció: *Mercè Figueras de las Heras*

Títol original: *Die feuerrote Friederike*

Comercialitza: CESMA, S.A.
Catalunya i Balears: Sant Boi de Llobregat,
tel. 93 630 84 00
fax 93 630 87 50
C. Valenciana: València, tel. 96 375 50 00
fax 96 375 73 25

ISBN: 84-8286-487-4
D. L.: M-16.356-1998
Imprès a Espanya / *Printed in Spain*
Impremta Orymu, S.A.

HI HAVIA una vegada una nena, la petita Frederica, que tenia uns cabells molt especials. Tenia uns quants blens vermells com un pebrot i el serrell de color de pastanaga, però la major part de cabells eren rojos com el suc de maduixa.

A més tenia pigues i estava bastant grassa.

La Frederica vivia en una casa antiga, al pis de dalt de tot. Per arribar al seu pis, calia pujar cent graons. La Frederica vivia amb la seva tia i un gat.

El gat es deia Moix; era gros i vell. Tenia el pèl vermell com un pebrot. Passava tot el dia dormint ajagut damunt d'una butaca. Els gats vells dormen gairebé sempre. No pugen a les teulades, ni cacen ratolins, ni juguen

amb nenes petites. Tampoc no fan aquells roncs tan propis dels gats quan estan contents. De vegades esternuden.

La tia es deia Annatia i encara era més vella que el gat. De jove havia tingut els cabells rojos com els de la Frederica, i pigues també. Ara els cabells els tenia blancs i les pigues, amb el temps, s'havien descolorit. Però grassa, encara ho estava. Molt, fins i tot.

L'Annatia mai no sortia al carrer. Estava gairebé sempre asseguda en una butaca, al costat de la butaca del gat, i feia mitja o llegia, pensava o dormia. Mentre llegia, pensava o dormia, mai no deixava anar les agulles de fer mitja. I sempre tenia un llibre obert al davant. Mai no se sabia si feia mitja, llegia, dormia o pensava.

Ja feia més d'un any que llegia aquell llibre. Tot i això, no havia passat de la primera pàgina.

LA FREDERICA cada dia anava a comprar. No li agradava anar-hi, perquè la gent es reia d'ella, sobretot la canalla. Quan veien la Frederica cridaven:

–Mireu, aquí ve la pèl-roja! Foc, foc, se li cala foc al cap!

Si la Frederica s'amagava els cabells sota un barret, no servia de res. Els nens i les nenes l'hi arrencaven.

N'hi havia que fins i tot l'esperaven davant la porta de casa fins que sortia per anar a comprar. Aleshores corrien darrere seu i li estiraven els cabells. Ho trobaven divertit.

LA FREDERICA havia provat moltes vegades de desfer-se dels seus cabells.

Un dia se'ls va tallar.

Al cap d'una hora, tenia el cap ben pelat.

Però tres hores més tard ja li tornaven a sortir.

I al cap de dues hores més, ja li havien tornat a créixer del tot! No hi havia res a fer!

EN BRUNO, el carter, no es reia dels cabells de la Frederica. Anava a casa d'ella un cop al mes i duia diners a l'Annatia. En Bruno no s'adonava que la Frederica tenia els cabells de color vermell. Era daltonià, és a dir, confonia alguns colors. Però això no ho sabia ningú, ni tan sols la seva dona.

Quan arribava a casa de l'Annatia, després de pujar tants graons havia de descansar. S'asseia a la cuina amb la Frederica i li explicava coses de la

feina de carter, de la seva dona i del director de Correus. I la Frederica li parlava dels nens i les nenes que es reien d'ella pels seus cabells. El carter no ho entenia.

–Jo sempre sento que els nens i nenes volen roba de color vermell i barrets vermells i caramels vermells i globus vermells. Per què no els agraden els cabells vermells?

–No ho sé! –va respondre la Frederica.

–Al diari he vist la foto d'una actriu molt coneguda –va dir el carter–. A sota hi posava que és tan coneguda perquè té una cabellera roja molt bonica.

–Segur que té una altra mena de cabells –va fer la Frederica–. D'un roig diferent, potser!

Aleshores el carter no va dir res

més. En colors, no hi entenia gens ni mica.

Va acomiadar-se de la Frederica i tot baixant els cent graons anava murmurant per a si mateix:

–És una pena, és una pena, és una pena tot això...

Encara ho mormolava quan va arribar a casa seva, al vespre.

La seva dona li va preguntar què era una pena, i ell li va explicar el que li passava a la Frederica.

Després, ella també es va posar a murmurar:

–És una pena, és una pena, és una pena tot això...

L'Annatia va aconsellar a la Frederica:

–Digues als nens i nenes que tu no hi pots fer res si tens aquests cabells, i que vols jugar amb ells. Si jugues bé, els agradarà i ja no es riuran més de tu. Mira si és senzill!

–Quan es riuen de mi, no em surt ni mitja paraula. A més, jo, de jugar bé, no en sé. Mai no seran amics meus. Tot això no és tan senzill! –va respondre la Frederica.

UN DIA l'Annatia va dir a la Frederica:

–D'aquí a tres setmanes començaràs a anar a escola.

–Tinc por dels nens i les nenes –va fer la Frederica–. No podria quedar-me a casa, sense aprendre res?

–Això no està permès –va dir l'Annatia–. Vindrien i t'hi portarien, si no hi vas.

El primer dilluns de setembre, la Frederica va anar a escola per primera vegada. Aquell dia ningú no va riure's d'ella. Però el segon dia, quan la Frederica va entrar a classe, un nen li va cridar:

–Foc!

La mestra es va enfadar. El nen va haver d'escriure dues ratlles de cercles. De cercles diferents: un de gran i un de petit, un de gran i un de petit…

Al cap d'un mes, gairebé tots els nens i nenes de la classe havien hagut d'escriure un càstig a causa de la Frederica. Encara no sabien escriure paraules i estaven empipats perquè havien hagut de fer càstigs. Però malgrat tot no deixaven de riure's de la Frederica.

La mestra va demanar consell al director.

–Fes com si no veiessis ni sentissis res –li va dir el director–. Ja veuràs

com aviat se’n cansaran i deixaran de riure’s de la Frederica.

La mestra va fer cas d’aquell bon consell, que no n’era gens, de bo, i va fer com si no veiés ni sentís res del que feien a la Frederica.

La Frederica només treia excellents. La mestra sempre deia que era bona nena i treballadora. Però no per això els altres nens i nenes se l'estimaven més.

UN DIA, a la tarda, la Frederica, l'Annatia i el gat Moix eren a taula i prenien xocolata. Aleshores, la Frederica va demanar a la tia:

–Quan eres petita, tu també eres pèl-roja, oi? I no es reien de tu?

–Ja fa molt temps d'això, ja no me'n recordo –va dir l'Annatia.

Llavors va saltar el gat:

–No diguis mentides!

El gat no parlava gaire sovint. Només quan era veritablement necessari.

–Deixa'm en pau! –va dir l'Annatia–. Sóc vella i vull estar tranquil·la!

El gat es va aixecar i va posar les potes del davant damunt la taula. El pèl se li va eriçar i es va tornar molt vermell. Els ulls li espurnejaven com robins, que són unes pedres precioses, i va esbufegar:

–Així, doncs, vols estar tranquil·la, vella egoista! Si no dius a la Frederica com et defensaves, li ho diré jo!

–No diré res! –va fer la tia, malagradosa–. Si li ho expliqués, encara seria pitjor!

–Segur que no! –va esbufegar el gat.

–De què parleu? –va preguntar la Frederica.

–Del fet que els vostres cabells poden cremar! –va cridar el gat.

Va aixecar la pota i va assenyalar la tia.

–Ningú no gosava riure's d'ella. Tenien por de cremar-se!

–Que està sonat? –va murmurar la Frederica a la tia.

L'Annatia va fer un sospir.

–És veritat que tenim aquesta mena de cabells. Si diem molt fluixet FLAMA-ROJA-FLAMA-ROJA-CREMA-CREMA-BOJA, els cabells se'ns encenen; si diem molt fluixet FORA-FORA-FOC-ETS-UN-MAL-RETOC, deixen de cremar.

La Frederica no s'ho podia creure.

–Prova-ho. Però dins de casa no.

–FLAMA-ROJA-FLAMA-ROJA-CREMA-CREMA-BOJA!

Fantàstic! Genial! Magnífic! Això funciona!

Cada dia, quan la Frederica tornava d'escola, el gat li preguntava si ja s'havia defensat.

Encara no s'havia defensat. No volia fer mal a ningú.

I l'Annatia deia:

–Ho veus, gat? No l'ajuda gens saber això del foc. Ja ho sabia jo!

UN BON DIA, als nens i nenes de la classe de la Frederica se'ls va acudir una altra broma.

Quan anava a comprar verdura amb un cabàs molt gros, se li van tirar al damunt.

Tres li van arrencar el cabàs de les mans.

Tres la van agafar i la van ficar dins el cabàs.

Tres duien el cabàs per una nansa, tres el duien per l'altra. I així van arrossegar la Frederica pels carrers de la ciutat.

Els que no portaven res corrien al darrere tot rient i cantant:

–Som els bombers! Taatuuuut-taatuuuut-taatuuuut, som els bombers! Hem d'apagar el foc! La tirarem al riu!

No es pot saber amb tota seguretat si aquella canalla hauria tirat de veritat la Frederica a l'aigua. La Frederica, però, n'estava segura i li va aga-

far una por terrible. El riu era fondo i ella no sabia nedar. El cabàs anava d'un cantó a l'altre i la Frederica no podia escapar-se.

Aleshores va mormolar:

–FLAMA-ROJA-FLAMA-ROJA-CREMA-CREMA-BOJA.

Els cabells li van començar a espetegar i se li van posar drets i tibants, disparats en totes direccions. Al voltant del seu cap tot era una gran escalfor.

Els nens i les nenes van deixar anar el cabàs i van arrencar a córrer. Uns quants van començar a xisclar. La Frederica va mormolar:

–FORA-FORA-FOC-ETS-UN-MAL-RETOC.

Va sortir del cabàs i se'n va anar cap a casa.

Aquesta vegada, el gat no va haver de preguntar res. Es veia ben clar que la Frederica s'havia defensat. Tenia la cara plena de sutge i els cabells encara tibants i drets, disparats en totes direccions.

–Molt bé, reina! –va dir el gat elogiant-la.

ENTRE els nens i les nenes que havien jugat a bombers, no n'hi havia cap que no tingués cremades.

Les mares volien saber com els havien sortit aquelles butllofes, però ells no deien res. Només una nena petita va dir a la seva mare:

–La Frederica ens ha cremat! Els seus cabells poden cremar com les brases!

La mare, naturalment, no s'ho va creure. La besàvia, en canvi, sí que s'ho va creure. Recordava que quan ella era petita també hi havia una nena amb els cabells com foc. Però per por que la gent pensés que s'havia tornat boja, no va dir res.

DURANT un parell de setmanes tot va anar bé. Els nens i nenes de l'escola van deixar de fer la guitza a la Frederica. La mestra estava contenta.

El director li va dir:

–Ho veus? El meu consell era un bon consell!

El carter ja no havia de murmurar:

–És una pena...

I el gat Moix tornava a dormir tot el dia.

Però de fet les coses no anaven bé. Els nens i les nenes feien córrer mentides sobre la Frederica.

Deien:

–És dolenta i perillosa. Ens hem de protegir.

I es van armar. Cinc setmanes després del joc dels bombers, cadascun dels nens i cadascuna de les nenes tenia una arma. Tenien fones i pedres, canyes i pistoles de fusta, gomes i tiradors. Un d'ells tenia arc i fletxes.

Havien decidit que a l'escola ja no farien res a la Frederica. No volien tornar a escriure càstigs.

–Ho enllestirem al carrer –van dir.

En sortir de l'escola, van anar tots darrere la Frederica i van disparar-li els seus projectils. Quan algú tocava la Frederica, dibuixava una creu en un paper. Després van comparar els papers i els qui tenien més creus estaven molt cofois.

La Frederica va quedar ben plena de blaus. Tota ella era de color blau, de cap a peus.

L'Annatia va dir al gat:

–Tu en tens la culpa, perquè li has descobert el secret!

El gat va fer com si fos un gat d'allò més corrent i no va respondre.

En Bruno, el carter, tornava a murmurar dia i nit:

–És una pena, és una pena, és una pena tot això...

–Que tornen a riure's de la Frederica, els marrecs de l'escola? –li va preguntar la seva dona.

–Ara li tiren coses! –va dir ell.

–Això no ho pots permetre! –va cridar la seva dona–. Has de fer alguna cosa. Passes el dia anant amunt i avall repartint cartes i diners. Si fas un camí una mica diferent del que tens per costum, pots acompanyar la Frederica a l'escola i després la pots anar a buscar. Si vas amb ella, ningú no la molestarà.

El carter va dir a la seva dona que el director de Correus li havia indicat la ruta que havia de fer, i que estava estrictament prohibit anar per un altre camí.

La seva dona li va dir:

–El director de Correus està assegut al seu despatx. No se n'adonarà, per on vas.

L'endemà al matí, en Bruno, el carter, va acompanyar la Frederica a l'escola i al migdia la va anar a buscar.

Un nen, però, es va atrevir a disparar la seva arma. La pedra del seu tirador va anar a parar justament a l'orella del carter.

El carter es va enfurismar, va córrer darrere el nen, el va atrapar i li va clavar un parell de bufes.

Quan el nen va arribar a casa, tenia la cara vermella i inflada.

La seva mare va cridar:

–Ai, que tens galteres!

–No –va fer el nen sanglotant–. El carter m'ha pegat!

–Per què? –va preguntar la mare.

–Jo no he fet res –va assegurar el nen.

–Es deu haver tornat boig, aquest home!

Aleshores, la mare va anar a veure el director de Correus i es va queixar.

Al matí següent, el director va cridar el carter Bruno al seu despatx.

Li va preguntar:

–Vostè, ahir, a les dotze del migdia, va pegar a un nen?

–Eren les dotze i deu minuts –va fer el carter–. I no ho vaig poder evitar.

–Com és que a les dotze i deu minuts vostè era prop de l'escola? –va preguntar el director de Correus–. Segons la ruta que li vaig marcar, vostè havia de ser prop del cinema. Què va passar?

El Carter no tenia ganes d'explicar-li-ho.

–Hauré de comunicar-ho al director general de Correus –va dir el director–. Doni'm un paper verd d'aquella taula!

(Les comunicacions al director general s'havien d'escriure en paper verd.)

Damunt la taula hi havia quatre piles de papers. El carter no podia distingir els colors, de manera que va agafar un full de la primera pila.

–En vull un de verd i no un de blanc! –va dir el director de Correus.

El carter en va agafar un de la pila

del costat. «Tant de bo sigui verd», va pensar.

–Verd, no groc! –va exclamar el director.

El carter ho va intentar una vegada més i va agafar un paper lila.

–Que m'està prenent el pèl, vostè? –va cridar el director.

–No –va dir el carter–. Només que sóc daltonià.

El director de Correus va donar un cop de puny tan fort sobre la taula que els funcionaris de l'habitació del costat es pensaven que tronava.

–Daltonià! –va bramar el director–. Així, doncs, ni tan sols pot distingir els segells vermells dels segells blaus! I, a més d'això, va per camins prohibits i pega a les criatures! Des d'avui està jubilat.

–Doncs, adéu-siau –va fer en Bruno. I es va treure la gorra, la va penjar al ganxo que hi havia a la paret i va deixar l'oficina de Correus per sempre.

«Em sembla perfecte», va pensar. «Així podré ocupar-me més de la Frederica!»

La seva dona també es va alegrar que en Bruno ja estigués jubilat. Així podria passar tot el dia amb ella, menys al matí i al migdia, quan anés a acompanyar i a buscar la Frederica a l'escola.

UNA SETMANA després que haguessin jubilat en Bruno van començar les vacances. Els nens i les nenes anaven a passar les vacances fora o anaven a la piscina o a la platja. Així, la Frederica estava tranquil·la. En Bruno anava a veure-la cada tarda. Hi anava amb la seva dona.

Als matins, la Frederica llegia. Tenia dos llibres, *En Pere de les grenyes* i *Max i Moritz*. Els dos llibres els hi havia regalat la dona del carter.

A més, la Frederica llegia tot el que posava als fulls de diari que el verdu-

laire feia servir per embolicar l'enciam i la venedora del mercat per embolicar els ous. I quan ja havia llegit tot el que posava als fulls de diari, s'inventava històries i les escrivia. Després tancava els ulls i oblidava el que havia escrit. Quan ho havia oblidat tot, tornava a obrir els ulls i llegia les històries. De debò, que ho feia!

A la Frederica també li hauria agradat llegir el llibre vermell que l'Annatia sempre tenia obert davant seu. Però el llibre estava escrit en una llengua estrangera.

–Ensenya'm aquesta llengua –va demanar a l'Annatia.

La tia deia:

–No puc. L'he oblidada. Fa un any que intento recordar-me'n, però no ho aconsegueixo.

Malgrat tot, la Frederica fullejava sovint aquell llibre vermell. No entenia les frases però li agradaven. N'hi havia dues que les sabia de memòria:

NI NGÚM AIN OESRI UDEN ING ÚENA QUES TLLOC i QU ANJAH A SPASS ATE LCAMP ANARSE GURQ UEHI A RRIB ES.

UNA VEGADA, tot fullejant el llibre vermell, la Frederica va trobar un sobre entre dues pàgines.

Al sobre hi posava: PER A LA FREDERICA.

La Frederica mai no havia rebut cap carta i es va emocionar moltíssim. Volia anar corrents a la cuina i preguntar a la tia d'on havia sortit aquella carta. Però llavors, el gat li va saltar damunt l'espatlla i li va dir a l'orella:

–Obre-la i llegeix-me-la. La tia la va posar dins del llibre quan encara eres molt petita.

La Frederica va treure un full de paper del sobre i va llegir al gat:

Estimada filla,

Me n'he d'anar de viatge. Com que encara ets molt menuda, no pots venir amb mi. Quan puguis llegir aquesta carta, ja seràs prou gran per saber si vols quedar-te allà on ara t'estàs, o si prefereixes venir aquí on m'estic jo.

Si no ets feliç, vine cap aquí. Emporta't el gat i l'Annatia, si vols. El llibre vermell diu com es fa per arribar-hi.

El teu pare

P.D. L'Annatia t'explicarà com es llegeix el llibre vermell.

La Frederica va deixar el gat a terra i va anar a la cuina a veure l'Annatia. El gat la va seguir. Duia la cua enlaire, dreta com un ciri.

L'Annatia portava farina per fer coca. La Frederica va dir:

–Vull anar a veure el meu pare.

L'Annatia es va eixugar les mans

enfarinades amb el davantal, va anar al menjador amb la Frederica i es va asseure a la seva butaca.

–Has trobat la carta?

La Frederica va fer que sí amb el cap.

–Ja fa temps que te l'hauria donada –va dir l'Annatia–. Però és que he oblidat aquesta llengua tan estranya del llibre vermell! L'únic que et puc dir és que pots volar!

–Volar? –va fer la Frederica admirada.

El gat va exclamar:

–L'Annatia i jo també podem volar!

–Ara ja no –va dir l'Annatia–. Estem massa grassos i som massa vells!

–Com ho he de fer? –volia saber la Frederica.

L'Annatia li ho va explicar:

–Tan sols cal que arruguis el front.

Primer el front llis, després arrugat, així, alternant. Aleshores, els cabells se't belluguen com si fossin ales, i voles.

La Frederica ho va provar de seguida. I en un no res, va ser al sostre de l'habitació.

–Fes anar els braços! –li va recomanar l'Annatia.

–Mou els peus amb força –li va recomanar el gat.

La Frederica ho trobava sensacional, això de volar. No volia baixar de cap manera.

Encara voleiava pel sostre quan va arribar en Bruno de visita. L'home es va espantar moltíssim quan la Frederica, que s'havia assegut al llum, el va saludar des d'allà dalt. Però en adonar-se que la nena feia cara de ser feliç, va estar content.

També es va mirar el llibre vermell. I se li va acudir una idea lluminosa per trobar algú que pogués desxifrar el llibre. Va trucar a la seva dona i va demanar-li que hi anés de seguida. Li va dir que portés cent fulls de paper per dibuixar.

Una hora després va arribar la seva dona. Van tallar cada full en quatre trossos. Així van aconseguir quatre-cents fulls de paper. Van seure al voltant de la taula i cadascun va agafar cent papers, i hi van escriure:

ELVI AT GEDU RAU NAHO RA.

Si vostè entén aquesta frase, sigui si us plau tan amable d'ajudar-nos. És important.

Annatia i Frederica
Carrer de l'Estel, 7

Era mitja nit quan van acabar d'escriure tots els missatges.

La dona d'en Bruno se'n va anar a casa seva molt cansada. L'Annatia, la Frederica i el gat Moix se'n van anar a dormir. En Bruno encara havia de seguir treballant.

Va ficar tots els paperets en una bossa d'anar a comprar i va anar de casa en casa, com abans, quan encara era carter.

A tot arreu on pensava: «Aquí hi viu una persona intel·ligent!», tirava un paper a la bústia. (Qui ha estat carter durant quaranta anys, sap perfectament quina mena de gent viu a cada casa.)

L'endemà, la Frederica estava molt nerviosa. El gat també estava inquiet. I la tia deixava escapar els punts de mitja. Tots tres van esperar impacients tot el dia.

–Tant de bo vingui algú –deia la Frederica cada cinc minuts.

–Segur que vindrà algú –deia el gat cada cinc minuts.

I l'Annatia deia cada cinc minuts:

–Gat, si ve algú, no diguis ni piu; a la gent no li agrada que els gats parlin.

Al vespre van trucar a la porta. Quan van obrir, van veure un home baixet i prim. A la mà hi portava un dels quatre-cents paperets.

–Sóc el professor Profi –va dir, i va entrar.

Va donar la targeta a la Frederica. Entre les lletres de la frase treta del llibre vermell hi havia ratlles fetes amb llapis.

EL/VI AT GE/DU RA/U NA/HO RA.

La Frederica de seguida va entendre què significaven aquelles ratlles.

Ara ja comprenia com s'havien de llegir les paraules d'aquell llibre. Simplement, estaven mal separades.

L'Annatia també ho va entendre, i va exclamar:

–I tant, és clar! No sé com ho he pogut oblidar!

El professor Profi va fer una reverència.

–Tinc pressa, senyores –va dir.

Se'n va anar cap a la finestra oberta i es va treure el barret per saludar. Aleshores tots van poder veure uns cabells que semblaven de foc, de tan vermells com eren.

–Ha estat un plaer –va dir. I va pujar a l'ampit de la finestra i se'n va anar volant.

–Em penso –va dir l'Annatia– que aquest era el meu cosí. Un bon dia va desaparèixer, fa cinquanta anys. Però abans es deia d'una altra manera.

–Canviar de nom sempre havia estat la seva especialitat –va dir el gat–. Jo l'he reconegut de seguida, però m'havíeu dit que no digués ni piu.

LA FREDERICA es va estirar a terra i va obrir el llibre vermell.

–Llegeix en veu alta! –li va exigir el gat.

La Frederica va llegir la primera pàgina:

«Hi ha un país on tothom és feliç. Els nens i les nenes, també. Allà ningú no es riu de ningú. Tots s'ajuden entre ells.»

A la segona pàgina també hi posava coses meravelloses sobre aquell país. I a la tercera pàgina, i a la quarta i a la cinquena.

La Frederica va llegir al gat i a l'Annatia que en aquell país mai ningú havia de treballar més del compte, i que ningú no volia fer-se més ric

que els altres. Allà el sabater feia sabates perquè li agradava fer-ne. Quan algú necessitava sabates, anava a buscar-ne a casa del sabater, sense pagar res. I quan el sabater necessitava pa, enciam, llibres o uns pantalons, anava a veure les persones que feien el pa, plantaven enciams, imprimien llibres o cosien pantalons, i s'enduia el que necessitava, sense pagar res.

I si en aquell país algú no volia treballar gens, la gent li ho donava tot gratuïtament. La gent no era avara. Malgrat tot, gairebé tothom treballava, perquè cadascú podia fer la feina que li agradava. I per a la feina que ningú no volia fer havien inventat màquines.

La Frederica llegia pàgina per pàgina. Al cap d'una estona ja estava ben ronca.

El gat va dir:

–Els detalls ja els sabrem demà, ara llegeix què s'ha de fer per arribar-hi!

La Frederica va anar passant les pàgines fins que va arribar a l'última.

Allà hi deia: «ELC AMÍF IN SALL ÀÉS DIFIC ULT ÓS.»

S'havia d'agafar el tren, després un vaixell i després una altra vegada el tren. Després calia anar amb rucs per camins molt costeruts i quan els rucs ja no podien anar més enllà, aleshores s'havien d'escalar roques molt punxegudes. I no et podies refiar dels indicadors, perquè una gent dolenta els havia canviat de lloc.

Les úniques persones que arribaven molt fàcilment a aquell país eren les persones amb els cabells rojos encantats. Aquestes persones hi arribaven volant. No havien de fer altra cosa que enlairar-se i volar.

«El viatge dura una hora. Quan ja has passat el campanar, segur que hi arribes.»

La Frederica va tancar el llibre.

–Quan te n'hi vas? –li va preguntar el gat.

La Frederica hauria volgut dir «demà mateix». Però l'Annatia feia una cara molt trista. Tenia llàgrimes als ulls.

Així, doncs, la Frederica va dir:

–Encara no ho sé, m'ho he de rumiar.

L'ENDEMÀ un soroll molt estrany va despertar la Frederica. Era d'hora, la tia encara dormia. El soroll venia de les golfes.

I el feia el gat Moix. Gemegava, es queixava, s'estarrufava i remenava la cua. I tot això no pas a terra, sinó en l'aire! Tot d'una... pataplaf!, va aterrar als peus de la Frederica.

–Des d'avui –va dir bufant– no menjaré ni un bocí. M'he d'aprimar per poder tornar a volar com cal. Vinc amb tu!

–Però no podem deixar tota sola l'Annatia –va fer la Frederica.

–Vindrà amb nosaltres! –va dir el gat –. Tinc un pla, ja ho veuràs!

Els dies següents, el gat Moix i la Frederica van passar hores i hores a les golfes. La Frederica hi arrossegava les coses més estrambòtiques: pesos per a balances de cuina i una pastera, un petjapapers i un morter, una

taula de marbre i la gran paella de ferro. Abans de pujar-ho a les golfes, ho pesava tot. Els pesos de les balances, no, és clar.

L'Annatia va trobar tot de comptes estranys fets en trossos de paper:

Pastera	*3 kg*
Petjapapers	*2 kg*
Morter	*4 kg*
Teules	*12 kg*
Taula de marbre	*7 kg*
	28 kg

No va preguntar què volia dir tot allò. No els va preguntar què hi feien a les golfes. No va preguntar per què el gat i la Frederica no menjaven res. I tampoc no va preguntar a la Frederica per què volia saber quant pesava. Tan sols va dir:

–Noranta quilos ja els dec fer.

ARA, l'Annatia s'estava tot el dia asseguda a la seva butaca, molt trista.

Quan en Bruno i la seva dona anaven a veure-la, plorava una mica i els explicava que la Frederica ja podia llegir el llibre vermell i que, per tant, molt aviat alçaria el vol i marxaria.

–Ho ha d'entendre, dona –feia en Bruno.

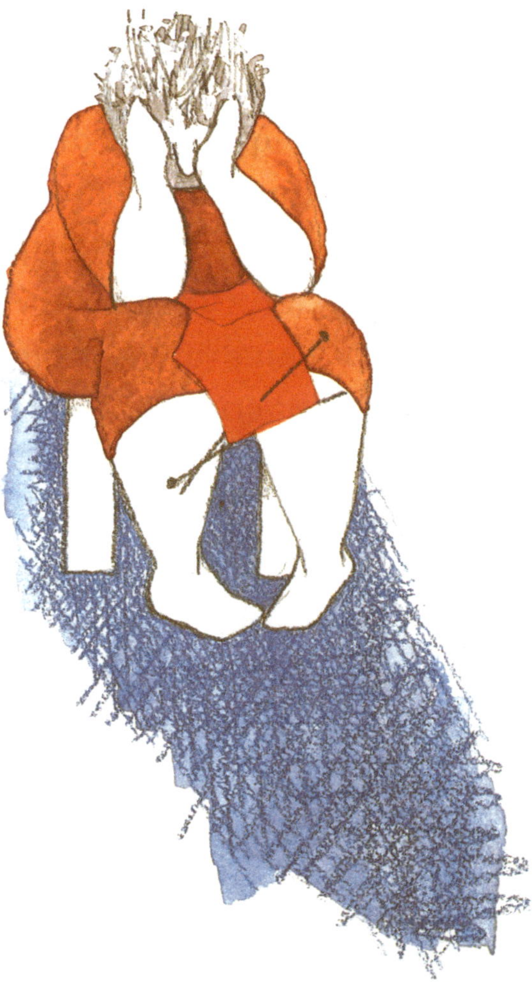

La seva dona deia:

–Si jo fos més jove, agafaria tots els trens i els vaixells i els rucs que calgués, i escalaria qualsevol muntanya per mirar d'arribar-hi. Sempre he somiat un país així!

–Jo ja ho comprenc, que ella hi vulgui anar –deia l'Annatia plorant–. Però quan ja no tingui la Frederica i estigui sola amb el gat, estaré molt i molt trista!

Però quan l'Annatia sentia que la Frederica i el gat baixaven de les golfes, s'eixugava les llàgrimes de pressa i feia com si estigués contenta.

UN MATÍ de la setmana següent, la Frederica va agafar el gat a coll i va dir:

–Sortim, però no tardarem.

–Tu no has estat al carrer des de fa mig segle –va dir l'Annatia al gat.

–Doncs ja és hora que això canviï –va fer el gat.

Quan la Frederica i el gat van ser fora, l'Annatia es va aixecar i es va posar davant del mirall gran. Va estar-s'hi molta estona observant-se. I, finalment, va dir a la imatge del mirall:

–Plorar no duu enlloc, has de fer alguna cosa!

L'Annatia del mirall gemegava:

–Sóc vella i tinc els cabells blancs, quan trec el cap per la finestra em marejo, ja no puc volar!

L'Annatia va mirar enfadada l'Annatia del mirall i va dir:

–Ah, sí? I tot aquest bategar i caure i voletejar de les golfes? Saps perfectament que es tracta del gat, que tot i ser tan vell aprèn a volar! Prova-ho tu també! De seguida!

Aleshores, l'Annatia del mirall es

va espantar molt, perquè l'Annatia havia dit les darreres paraules cridant. De cop, va arrugar el front. Els cabells blancs li van començar a volar per damunt de les orelles i feia anar els braços com si fossin rems. Durant deu segons es va aguantar, sense tocar a terra, vint centímetres per damunt la catifa! Després, les dues Annaties van tornar a tocar terra.

–Sense ajuda mai no ho aconseguiré –va dir l'Annatia a l'Annatia del mirall.

I li va girar l'esquena, va agafar la guia de telèfons i va posar-se a buscar a les pàgines de la lletra P:

–Pau, Pepeta, Pere, Ponç... –murmurava.

Tot d'una va fer:

–Profi! Ja el tinc!

En un tros de paper va escriure

l'adreça que hi havia al costat del número de telèfon, va agafar el bastó, va baixar els cent graons fins al carrer i

va anar ranquejant fins a la parada de taxis. Va pujar al primer taxi i va ensenyar al taxista el paper amb l'adreça. El taxi va arrencar i l'Annatia va tancar els ulls.

«Tant de bo sigui a casa!», va pensar l'Annatia, «tant de bo tingui temps per a mi!»

LA FREDERICA havia anat amb el gat a casa d'en Bruno i la seva dona. Ella també necessitava ajuda.

–Es tracta d'això –va dir-los la Frederica–. El gat ha après a volar una altra vegada perquè vol venir amb mi. Aleshores hem decidit que ens endurem l'Annatia. Però ella és massa gran i està massa grassa per tornar a aprendre a volar. L'hem de dur nosaltres. Per això fa dies que no mengem. Com menys pesem nosaltres, més pes podrem carregar. Hem fet exercicis a les golfes per entrenar-nos en la nostra tècnica de vol. Podem enlairar fins a vuitanta quilos, però encara que fem molts exercicis no aconseguim enlairar ni un quilo més. La tia en fa noranta i el cove de la roba on la volem posar en pesa dos!

–Aleshores, l'Annatia s'ha d'aprimar dotze quilos! –va dir la dona d'en Bruno.

–Per això hem vingut –va dir la Frederica–. Convenceu-la que s'aprimi, a vosaltres us fa cas; al Moix i a mi, no!

L'ANNATIA no va tornar a obrir els ulls fins que el taxi es va parar. Va pagar el taxista, va baixar i va entrar ranquejant a la casa davant de la qual s'havia aturat el taxi. La porta de l'edifici es va tancar darrere d'ella.

Al vestíbul no s'hi veia res, era fosquíssim. Amb dificultat, l'Annatia anava fent-se camí a les palpentes al llarg de la paret. Tot d'una va ensopegar. Va estar a punt de caure.

–Només faltaria que em trenqués una cama –va exclamar–. He de fer llum!

Va treure's totes les agulles del monyo i va murmurar:

–FLAMA-ROJA-FLAMA-ROJA-CREMA-CREMA-BOJA.

Els espetecs eren molt fluixos, però els cabells se li van encendre una mica. Amb la claror de les brases va poder llegir el rètol de la porta.

PROFESSOR PROFI
ESPECIALISTA
ENTREU SENSE TRUCAR

L'Annatia va entrar. Es va trobar en una habitació gran i lluminosa. Pertot arreu hi havia màquines molt estranyes, entremig hi va veure piles de llibres. En una d'aquelles piles hi estava assegut el seu cosí. En una mà hi tenia un bol de cafè; en l'altra, un croissant.

L'Annatia s'hi va apropar i va asseure's damunt una pila de llibres, al seu costat.

–Apaga't el foc del cap –li va dir el cosí, tot apartant-se una mica de l'Annatia.

Ella va mormolar:

–FORA-FORA-FOC-ETS-UN-MAL-RETOC.

El cosí s'hi va tornar a acostar.

–Per què véns? –li va preguntar.

–Vull saber volar una altra vegada –va dir l'Annatia.

–Això no s'oblida mai –va fer el cosí.

–Tinc por d'estavellar-me –va dir l'Annatia.

El cosí es va aixecar i del damunt

d'una de les piles de llibres va agafar dos pots, un de vermell i un altre de blanc. En el vermell hi havia una crema vermella.

–Això et donarà coratge –va dir el cosí. Va ficar les mans al pot, va treure un bon grapat de crema vermella i la va escampar pel cap de l'Annatia.

A l'Annatia, els cabells se li van tornar de color de maduixa.

–I aquest vespre –li va dir el cosí – t'hi poses la crema blanca. Ja veuràs com creixen més de pressa que el julivert i més espessos que les ortigues!

–T'estic molt agraïda, cosí.

L'Annatia es va aixecar:

–Me'n vaig cap a casa.

–No, tu puges amb mi a la teulada –va fer el cosí–. Farem exercicis!

–No puc, em marejo! –gemegava l'Annatia.

L'Annatia mai no s'havia escarrassat tant. El cosí també treballava de valent!

Al migdia, va dir, cansat:

–Noia, he fet tot el que he pogut. Posa't la crema per fer créixer els cabells durant uns quants dies, volaràs com quan eres jove!

Van asseure's a la cornisa de la teulada.

–Quan marxeu? –va preguntar el cosí.

–Al més tard, diumenge –va dir l'Annatia–. Dilluns torna a començar l'escola, i la Frederica ja voldrà ser fora.

–Bé –va fer el cosí–. Et queden cinc dies per fer-te créixer els cabells. Molta sort. Que et vagi bé.

L'Annatia anava a tornar cap al pis de sota. Però el cosí la va detenir.

–Per això m'he escarrassat tant? –va fer, renyant-la–. No te n'aniràs a peu, has de volar!

–Tens raó! –va dir l'Annatia, i va obrir els braços.

QUAN la Frederica va arribar a casa amb el gat Moix, en Bruno i la seva

dona, l'Annatia tornava a estar asseguda a la butaca i duia el cap embolicat amb una tovallola de ratlles.

En Bruno se li va plantar al davant i li va fer un discurs. Li va explicar les intencions de la Frederica i el gat. Per acabar va dir:

–Per això bé val la pena aprimar-se dotze quilos.

–Ni mig gram no m'aprimaré! –va exclamar l'Annatia–. I en el cove de la roba hi aniràs tu i la teva dona, jo volaré sense ajuda de ningú!

D'una revolada es va treure la tovallola ratllada del cap, va arrugar molt el front i va fer una ronda volant per l'habitació.

El que aleshores va passar amb prou feines es pot descriure. Tots van tornar-se bojos. La Frederica va abraçar el carter; ell, la seva dona; la

dona, el gat, i tots plegats van abraçar l'Annatia.

Tan aviat planaven per l'aire com rodolaven per la catifa. Reien i ploraven, gemegaven i cridaven d'alegria, feien rialletes ofegades i sanglotaven.

I quan per fi van ajeure's esgotats damunt la catifa, l'Annatia va dir:

–No podrem sortir de la teulada. El cove no passarà per la claraboia.

–Doncs sortirem a mitja nit de la plaça de l'església! –va fer en Bruno.

–Per què de nit? –va exclamar la Frederica–. Que ens vegi tothom. Ens enlairarem diumenge a les deu en punt del matí. Quedaran parats!

Els restaven encara quatre dies. L'Annatia, la Frederica i el gat Moix es posaven crema cada dia per fer-se créixer els cabells. El cosí no els havia enganyat.

El divendres l'èxit ja era ben visible.

A LA PLAÇA hi havia molta gent. Acabaven de sortir de l'església. La Frederica i l'Annatia, amb el cove, es dirigien decidides cap al centre de la

plaça, en Bruno i la seva dona anaven darrere.

Quan hi van arribar, van deixar el cove a terra i el gat va saltar a fora. L'Annatia va donar tot de cordills a la Frederica i la Frederica va lligar-se els cabells, ble per ble, al cove.

Un cop lligat el darrer ble, va dir:

–Passeu, passeu –i va fer un gest

amb la mà convidant en Bruno i la seva dona a pujar-hi.

–Amb molt de gust –exclamà en Bruno, i va donar la mà a la seva dona.

La tia es va posar al cantó de la nansa dreta del cove; el gat, al de la nansa esquerra. La Frederica va cridar:

–Atenció, llestos, som-hi!

En dir «som-hi!» va arrugar molt el front. Els cabells se li van convertir

en immenses ales vermelles i tot d'una es va posar a volar. Després van enlairar-se la tia i el gat. Només una petita estrebada i la cistella amb en Bruno i la seva dona també va començar a volar.

–Ja són per damunt del castanyer –va exclamar algú.

–Ja són per damunt del campanar –va exclamar algú altre.

L'ALCALDE ho va veure tot des d'una finestra i va dir-se:

–No és bo que la gent vegi aquestes coses, la desconcerten!

Llavors va agafar el telèfon i va trucar al director del circ.

A LA PLAÇA de l'església, la gent encara mirava al cel. Però ara ja només podien reconèixer un punt borrós enmig del blau més lluent. Com una mena de núvol, però vermell, és clar.

Tot d'una va arribar a la plaça de

l'església el carro del circ. En van sortir un pallasso, una equilibrista, un mag i una parella amb un pal molt llarg. L'equilibrista va lligar ben alt la corda i va balancejar-se per damunt dels caps de la gent. El pallasso feia tombarelles. L'home es va posar el pal al cap i la dona s'hi va enfilar fins dalt de tot i va fer la vertical. I el mag va fer sortir del seu barret de copa flors, conills i mocadors de seda.

El mag no va deixar de fer jocs de mans, ni l'acròbata va deixar de balancejar-se, l'home va mantenir la dona fent la vertical damunt el seu cap, i el pallasso no va deixar de fer tombarelles fins que ningú ja no mirava al cel.

Aleshores, tots els del circ van pujar al carro i van marxar.

La gent se'n va anar cap a casa tot dient:

–Ha estat un bon espectacle de circ! Però el millor número ha estat el de la família pèl-roja!

L'alcalde es fregava les mans i es deia a si mateix:

–Bé, ja ho he tornat a aconseguir!

I es va estirar al sofà a fer la migdiada.

Col·lecció

EL VAIXELL DE VAPOR

Sèrie Blava. A partir de 7 anys

1 *El gran llop salvatge,* René Escudié
2 *L'Ingo i el Drago,* Mira Lobe
3 *El rei Túnix,* Mira Lobe
4 *El gat Mog,* Joan Aiken
5 *La Roser Veraç,* Joaquim Carbó
6 *En Joanet Capdestopes i l'indi invisible,* Janosch
7 *Estimada Susi, estimat Paul,* Christine Nöstlinger
8 *Cada tigre té una jungla,* Emili Teixidor
9 *Estimada iaia, la teva Susi,* Christine Nöstlinger
10 *Històries de Franz,* Christine Nöstlinger
11 *Bestieses i animalades,* Elena O'Callaghan i Duch
12 *Pèl Moixí,* Irina Korschunow
13 *Tuixi, el toixó que feia teatre,* Rosa-Victòria Gras
14 *Els llebretons es fan grans,* Tilde Michels
15 *El dragó de Jano,* Irina Korschunow
16 *Tintof, el monstre de la tinta,* Ursel Scheffler
17 *Quina broma!,* Anke de Vries
18 *Bleda bleda... no ho és,* Annemarie Norden
19 *El llit d'en Pol,* Franz Sales Sklenitzka
20 *Un gat passat per aigua,* Ingrid Kötter
21 *Set gates de vida,* Agustí Alcoberro
22 *Una germana com la Danny,* Rolf Krenzer
23 *El ratolí del tren,* Jürgen Banscherus
24 *Quan la Tina s'amaga,* Tilman Röhrig
25 *Una tarda a la teulada,* Joan Armangué i Herrero
26 *La reina calba,* Mercè Company
27 *29 contes bojos,* Ursula Wölfel
28 *La festa boja de l'illa,* Manfred Schumacher
29 *Estrella Fugaç,* Ursula Wölfel
30 *Una tortuga d'allò més normal,* Gudrun Mebs
31 *Petita Panotxa,* Käthe Recheis
32 *Més de set que no dormen a la palla,* Miquel Desclot
33 *Qui hi viu, al bosc?,* Mira Lobe
34 *Els babuixots de cabells verds,* Irina Korschunow
35 *L'àvia té un amic,* Ad Soeters
36 *Annabella Pampallugues,* Jutta Richter
37 *El país de les cabres,* Joaquim Carbó
38 *Els selvanyols,* Donatella Ziliotto
39 *Russica,* Mariasun Landa
40 *La lluna vol un fill,* Maria Dolors Alibés
41 *El secret de la Lena,* Michael Ende
42 *¡Ara sí que l'he feta bona!,* Xavier Vernetta

43 *Més o menys ben avinguts,* Anna Vila
44 *Un dia complicat,* Michael Ende
45 *Peripècies a París,* Dagmar Chidolue
46 *Amb els cabells de punta,* Maria Ribell
47 *De cap per avall,* Manel Riera-Eures
48 *Monstre busca monstra,* M. Dolors Alibés
49 *Tintof, el monstre de les butxaques,* Ursel Scheffler
50 *La fàbrica de núvols,* Jordi Sierra i Fabra
51 *Mini, la llargaruda,* Christine Nöstlinger
52 *El xai Marcel,* Jean-Luc Coudray
53 *Ai, que caic!,* Xavier Vernetta
54 *Històries ximples,* Andrew Matthews
55 *Jasolina vista fina,* Dolors Alibés
56 *El núvol lila,* Anna Vila
57 *Xola i els lleons,* Bernardo Atxaga
58 *Mini és la millor,* Christine Nöstlinger
59 *Barbaverd, el pirata,* Joan de Déu Prats
60 *La Jordina i el Mostatxos,* Annie M. G. Schmidt
61 *El Mag del Frac,* Josep M. Fonalleras
62 *Més trifulques de la Mini,* Christine Nostlinger
63 *Quatre contes sobre rodes,* Graham Greene
64 *La misteriosa desaparició dels xiclets,* Jürgen Banscherus
65 *L'amiga més amiga de la Formiga Piga,* Emili Teixidor
66 *Llegeix-me si us plau!,* Celia Riba
67 *El vestit de color mostassa,* Sylvia Plath
68 *Les bèsties de la Vall del Clot,* Andrew Matthews
69 *Tot sol / La Lola i els llops,* Anne-Marie Pol
70 *Misteri a la fira,* Jürgen Banscherus
71 *Rebigots!,* Estrella Ramon
72 *La revolta dels disbarats,* Elena O'Callaghan
73 *El sarau dels telèfons,* Enric Gomà
74 *Xola i els porcs senglars,* Bernardo Atxaga
75 *Frederica la pèl-roja,* Christine Nöstlinger

Col·lecció

EL VAIXELL DE VAPOR

Sèrie Taronja. A partir de 9 anys

1 *Les aventures de Vània el forçut*, Otfried Preussler
2 *Els fills del bufador de vidre*, Maria Gripe
3 *Tanit*, Núria Albó
4 *El nas de Moritz*, Mira Lobe
5 *Núvol de Novembre*, Hilary Ruben
6 *Pipet, el miquet de color de rosa*, Carlo Collodi
7 *Kimathi i la muntanya*, Hilary Ruben
8 *El drac de Bagastrà*, Dolors Garcia i Cornellà
9 *Brillant*, Enric Larreula
10 *Fantasma de professió*, Hubert Monteilhet
11 *Nosaltres, els de Vilaximpleta*, Otfried Preussler
12 *El petit roure*, Elena O'Callaghan i Duch
13 *El cavaller galàctic*, Laura Julian i Garcés
14 *El secret de les màquines*, Francesc Sales
15 *El planeta Mo*, Maria Dolors Alibés
16 *El panda de l'emperador*, David Day
17 *El forat de les coses perdudes*, Joan Armangué i Herrero
18 *Els estranys amics de la Mary Wood*, Beatrice Nyffenegger
19 *Una casa als afores*, Mercè Company
20 *Aventures amb el meu millor enemic*, Max Dann
21 *Tornar-se ximple*, Max Dann
22 *Sabates de xarol*, Sigrid Zeevaert
23 *La ciclista Caterina*, Joaquim Carbó
24 *Castell d'andròmines*, Robin Klein
25 *Tempesta de primavera*, Regina Rusch
26 *La por*, Enric Larreula
27 *Tassie, el llop amb pell de tigre*, Erich Grasdorf
28 *Un llibre monstruós*, Jordi Sierra i Fabra
29 *Angelo, un convidat molt especial*, Othmar Franz Lang
30 *Un fantasma anomenat...*, Maria Lluïsa Solà
31 *L'atzur màgic de l'enigma*, Dolors Garcia i Cornellà
32 *Bandoler, bandoler, bandoler!*, Joan Soler i Amigó
33 *El Club dels Óssos*, Mira Lobe
34 *Didal, didalet, didaleta*, Pere Pons i Clar
35 *Mare Lluna*, Susanne Kilian
36 *El cas d'en Heinrich*, Mira Lobe
37 *El segrest d'en Gang*, Jacint Torrents
38 *S'ha de ser animal!*, Mercè Canela
39 *Pirates per força*, Frank Asch
40 *Barret per barret*, Franz Sales Sklenitzka
41 *Si una nit un estel...*, Llorenç Puig
42 *La meva família i l'àngel*, Gemma Lienas
43 *El vescomte minvant*, Antoni Dalmases
44 *El diari secret de la Susi / El diari secret d'en Paul*, Christine Nöstlinger

45 *Kim, el nen de l'avió,* Helma van der Berg-Bakker
46 *El crim de la Hipotenusa,* Emili Teixidor
47 *¡Bufa, Buf!,* Dolors Garcia i Cornellà
48 *¡T'he enxampat, bufó!,* Gisela Pou
49 *El gos salsitxa i els lladres de diamants,* R. Plante / A. Melançon
50 *¿Qui ho ha fet?,* F. S. Sklenitzka
51 *La Serafina té gana,* Joaquim Carbó
52 *Jardí abandonat,* M. Lluïsa Amorós
53 *Uns mitjons que Déu n'hi do / ¡Quins víking!,* Andrew Matthews
54 *La guerra dels minúsculs,* Andreu Martín
55 *El Vampir,* Josep Lorman
56 *Gina,* Núria Albó
57 *El cor del senyor Rossini,* Eusèbia Rayó
58 *Històries de l'illa,* Xavier Amorós
59 *Quin estiu!,* Maria Lluïsa Geronès
60 *El mal vent,* Joana Raspall
61 *Aventura a la carta,* Hazel Townson
62 *La princesa Júlia,* Maite Carranza
63 *Un noiet entremaliat,* Bettina Violet
64 *L'Albert i els menjabrossa,* David Nel·lo
65 *Per molts anys, Bernat!,* Josep Gòrriz
66 *Amic Lu,* Robert Saladrigas
67 *L'extraordinària píndola rosa,* Núria Pradas
68 *Viatge a l'interior del fred,* Gabriel Janer Manila
69 *Eduard Cansalada,* John Saxby
70 *Un somriure amb bigoti,* Jordi Fusté
71 *Els Dracs a la Terra dels Cocos,* Salvador Comelles
72 *Els carrers d'en Bru,* Dolors Garcia i Cornellà
73 *Jambo Kumi,* Maria I. Deyà / Antoni Roca
74 *L'autèntica Susi,* Christine Nöstlinger
75 *On és el Màgic?,* Rita Enrenou
76 *Bessons, gatons i polissons,* Andreu Sotorra
77 *La música del vent,* Jordi Fusté
78 *L'una per l'altra,* Jacqueline Wilson
79 *El misteri dels fills de la Lluna,* Fina Casalderrey
80 *El professor i la mòmia,* Kathleen Karr
81 *On és el Zero Zero Bub?,* Thomas Brezina
82 *La clau mestra,* Pepa Guardiola
83 *La venjança dels pirates informàtics,* Frank Stieper
84 *Xocolovski,* Angela Sommer-Bodenburg
85 *Mr Monkey,* David Nel·lo
86 *Per un plat de macarrons,* Marcè Canela
87 *Qui fa ballar la geganta,* Anna Vila
88 *Hola, Pep!,* Jaume Cela
89 *Qui ha segrestat el faraó?,* Thomas Brezina
90 *El misteri de la gàbia buida,* Thomas Brezina
91 *El laberint dels tres enigmes,* Jordi Fusté